496-1896

CONFÉRENCE

JEANNE D'ARC

De Moulins

𝔍𝔥𝔢𝔰𝔲𝔰! ✝ 𝔐𝔞𝔯𝔦𝔞!

« *GESTA DEI PER FRANCOS.* »

MOULINS

IMPRIMERIE ÉTIENNE AUCLAIRE

—

1894

CONFÉRENCE

JEANNE D'ARC

De Moulins

JEANNE D'ARC
Tableau d'Ingres au Musée du Louvre.

496-1896

CONFÉRENCE

JEANNE D'ARC

De Moulins

𝕴𝖍é𝖘𝖚𝖘! ✝ 𝕸𝖆𝖗𝖎𝖆!

« *GESTA DEI PER FRANCOS.* »

MOULINS

IMPRIMERIE ÉTIENNE AUCLAIRE

—

1894

CONFÉRENCE JEANNE D'ARC

DE MOULINS

Jhésus ! ✝ Maria !

QUI SOMMES-NOUS ?

AUJOURD'HUI la France semble oublier le titre que Notre-Seigneur Lui-même a daigné lui donner, titre vraiment glorieux de « *Fille aînée de l'Eglise.* »

Dans sa conduite, dans ses actes, tout montre que notre pauvre Patrie n'est plus la « nation très chrétienne. »

Et cela, parce qu'elle a pour ainsi dire supprimé, ou tout au moins déplacé, NOTRE SEIGNEUR JÉSUS-CHRIST.

Il faut donc que les catholiques donnent à DIEU la place qui Lui convient, la *première* et pas d'autres.

Oui, il nous faut relever la France, il faut qu'elle se souvienne qu'il y a près de quatorze cents ans Dieu lui imprimait au front le sacrement de baptême.

Mais, pour le faire, il faut de vrais chrétiens, dévoués à la cause de Dieu et résolus à agir *chrétiennement* dans leur vie publique.

Or, avons-nous beaucoup de vrais chrétiens ?

« Que de catholiques ne sont plus chrétiens. Ils ne sont ni hérétiques, ni schismatiques. mais ont-ils dans leur âme cette énergie, cette force active qui s'appelle la *vie chrétienne* ?

« Qu'est-ce qu'un *chrétien* ?

« C'est un imitateur de Jésus-Christ. Comment L'imiter si on ne Le connaît pas, et on Le connaît si peu depuis qu'on ne lit plus l'Evangile !

« Un chrétien doit mettre Dieu *par-dessus tout*, dans ses pensées, ses sentiments et sa conduite. Il doit être désintéressé et détaché de tout.

« *Celui qui ne renonce pas à tout ce qu'il possède ne PEUT pas être mon disciple*, dit le Maître. — *Celui qui VEUT être mon disciple*, ajoute-t-Il encore, *DOIT se renoncer lui-même*, c'est-à-dire mettre de côté ses goûts, ses intérêts, ses plaisirs, sa tranquillité, sa santé et sa vie quand les intérêts de Dieu le réclament.

« Le chrétien doit aimer son prochain de cet amour vrai, réel et pratique, qui se renonce et se sacrifie, se dévoue et se dépense pour les autres. Cet amour est même le caractère distinctif des chrétiens. « *C'est à ce signe qu'on les connaîtra* », dit Notre-Seigneur Jésus-Christ.

« Le chrétien doit vivre en état de grâce, éviter le péché mortel et fuir le scandale qui met en danger de le commettre...

« Hélas! que de catholiques, qui vont à la messe et font leurs Pâques, restent presque constamment en péché mortel, vivent de la vie mondaine : bals, soirées, théâtre, romans, plaisirs et autres occasions prochaines du péché ; voient les âmes se damner par millions et ne font rien pour les sauver !

« Dès lors, sont-ils chrétiens ? Sont-ils dévoués à la cause de Jésus-Christ ? Et sont-ils résolus à agir *chrétiennement* dans leur vie publique ? (1)

Il y a longtemps que Montalembert écrivait : « Ils sont catholiques *après tout*, au lieu de l'être AVANT TOUT... »

_____

(1) Abbé Garnier.

Et cela, hélas ! n'est aujourd'hui que trop vrai.

Commençons donc par faire des chrétiens ! voilà le programme de Jésus-Christ.

« *Si ce n'est le Seigneur qui bâtit la maison, c'est* EN VAIN *qu'on travaille à la bâtir.* »

Notre-Seigneur ne travaillera avec nous à bâtir cette maison, qui est la France, que si nous l'avons mérité. « *Cherchez* AVANT TOUT *le règne de Dieu et tout le reste vous sera donné par surcroît.* » Le règne de Dieu, c'est bien la christianisation de chaque âme, de chaque famille, de la nation tout entière.

Sans cette *conversion*, la formation d'un groupe catholique, sous n'importe quel nom, devient une œuvre principalement *humaine*. Notre-Seigneur ne peut la bénir, ni s'en faire le collaborateur, et sans cette collaboration, son existence est déjà bien compromise.

†

† †

Aussi quelques jeunes gens chrétiens, voulant réagir contre cette apathie qui gagne les catholiques de nos jours et qui en fait des catholiques « fin de siècle », viennent de se grouper, déployant franchement et fièrement leur drapeau.

Comment ! l'on ne rougit point de son titre de *Français* et l'on rougirait de son titre, plus beau encore, de CATHOLIQUE !

Comment ! l'on ne rougit point du *drapeau de la France*, et l'on rougirait du *drapeau de* JÉSUS-CHRIST !

JAMAIS ! JAMAIS !

Le *libéralisme*, cette « peste très pernicieuse », n'est pas encore venu corrompre le sang qui coule dans nos veines.

Comme notre aînée de Lyon, nous nous appelons *Conférence Jeanne d'Arc.*

Ce nom ne résume-t-il pas toutes nos convictions, toutes nos espérances, tous nos enthousiasmes ?

Jeanne d'Arc, c'est, en effet, comme le soleil de notre histoire, c'est l'âme de la France incarnée dans une forme incomparable où le surnaturel a transfiguré la nature ; c'est enfin l'espoir de la délivrance par l'étendard du « Roy Jhésus » ; et c'est aussi la *France à Reims* pour renouveler les promesses de son baptême.

Mais laissons la parole à notre sœur aînée :

« La *Conférence Jeanne d'Arc* est à la fois étudiante et agissante : c'est une petite académie, — oh ! toute petite, — mais qui veut grandir, se multiplier, et, à l'encontre des grandes académies d'aujourd'hui, sortir un jour de sa coupole pour aller présenter au peuple quelques *laisses* de la Geste chrétienne de la Fille aînée de l'Eglise. »

Nous sommes jeunes, catholiques et Français. Et nous croyons que l'Eglise de Jésus-Christ est immortelle et que la France, sa fille aînée, a dans le monde une mission divine à remplir.

Notre patronne, là « bonne Jehanne », avait coutume de dire : « Ce sont les *péchés* des hommes qui font perdre les batailles. »

Aussi, nous qui combattons sous son étendard pour le triomphe de l'idée chrétienne, comment aurions-nous négligé de placer dans la *vertu* et dans la *piété* notre première espérance. Nous voulons être des chrétiens, des hommes de trempe, vivant ensemble comme de véritables frères. Et nous sommes convaincus que nous le deviendrons seulement en trempant nos lèvres à la coupe des Forts, en substituant à notre cœur humain, débile, le Cœur de l'Homme-Dieu, par la participation assidue au Corps et au Sang de *Notre-Seigneur Jésus-Christ*.

Quand nous avons participé, côte à côte, au Corps et au Sang de *Jésus-Christ,* que nos cœurs se sont confondus dans un même battement sur le Cœur de notre Dieu, pourrions-nous ne pas nous sentir *frères ?*

Eh ! oui, nous *communions* le plus souvent possible. Nous *communions,* parce que nous voulons être forts de la force de notre Dieu ; et nous tenons comme démontré, nous, jeunes gens, qu'on ne peut pas être un *homme* quand on n'est pas un *communiant...*

« *Si vous ne mangez ma Chair et ne buvez mon Sang, vous n'aurez pas la vie en vous.*

Le Maître a parlé, cela suffit pour nous donner raison.

Voilà la base fondamentale de notre œuvre ; et, sur cette base, nous pouvons construire sans crainte l'édifice.

QUE VOULONS-NOUS?

C'EST une chose triste à dire en plein dix-neuvième siècle, mais enfin, c'est un fait avéré que nos Français modernes manquent d'idées beaucoup plus encore que de courage ; l'enthousiasme n'a disparu de notre génération que par suite du défaut de convictions ; si le feu sacré du patriotisme se refroidit, c'est avant tout parce que la conscience nationale est mal informée. Nous catholiques, nous savons bien d'où vient le mal : c'est la Révolution qui a jeté le trouble dans toutes les intelligences en renversant les idées chrétiennes dont la France avait vécu treize siècles durant.

Notre patrie a oublié qu'elle a de par Dieu une *mission* à remplir.

La « mission de la France ! » ces quatre mots se laissent dire de temps à autre ; mais combien de ceux qui les répètent en savent le sens précis ? et qui se met en peine de les expliquer à la foule ? Les catholiques n'ont pas encore su composer une *Histoire de France* sérieuse, développée, bien écrite, faite d'un peu de philosophie chrétienne basée sur des événements certains. Hélas !

Puisqu'un Tite Live chrétien ne s'est point encore levé, il est temps de susciter partout les petits bollandistes de l'histoire, humbles rhapsodes qui prépareront la grande épopée ! Il le faut, c'est nécessaire.

Nous demandons même que tous les catholiques, chacun dans la mesure où il le peut, se mettent en devoir de déchiffrer, d'expliquer, de commenter ces magni-fiques paroles, dont la *Conférence* a fait sa devise : « GESTA DEI PER FRANCOS. »

La très noble nation française, par les grandes choses qu'elle a accomplies dans la paix et dans la guerre, s'est acquis envers l'Eglise catholique des titres à une reconnaissance im-mortelle et à une gloire qui ne s'éteindra pas. Embrassant de bonne heure le christianisme à la suite de son roi Clovis, elle eut l'honneur d'être appelée *la fille aînée de l'Eglise*, témoi-gnage et récompense tout ensemble de sa foi et de sa piété. Souvent, dès ces temps reculés, Vénérable Frère, vos ancêtres, dans de grandes et salutaires entreprises, ont paru comme les aides de la Providence elle-même. Mais ils ont surtout signalé leur vertu en défendant par toute la terre le nom catholique, en propageant la foi chrétienne parmi les nations barbares, en délivrant et protégeant les saints lieux de la Palestine, au point de rendre à bon droit pro-verbial ce mot des vieux temps : *Gesta Dei per Francos...* Si la France, parfois oublieuse de ces traditions et de sa mission, a conçu envers l'Eglise des sentiments hostiles, cependant, par un grand bienfait de Dieu, elle ne s'est égarée ni longtemps ni tout entière. »

> (LÉON XIII, Encycl. *Nobilissima Gallorum gens.*)

Cette *vie surnaturelle* de la nation française, si bien définie par Léon XIII, le public français en a-t-il vraiment conscience aujourd'hui ? — Assurément non : car il a appris son histoire, non pas, suivant les encycliques des papes, dans des auteurs catholiques, mais dans les livres de l'Université. Or, on ne veut pas se l'avouer, mais c'est l'ignorance de la vie surnaturelle des nations qui rend possible la *société athée.*

Et « certes, plus que jamais, l'on peut dire en ces temps-ci que l'art de l'historien paraît être une conspiration contre la vérité ». (LÉON XIII, *Bref sur les études historiques,* 1883.)

Sait-on bien ce qu'il en résulte ? Tout simplement une énorme complication de la question sociale et ouvrière:

Dans nos écoles gouvernementales, les enfants tiennent des mains du prêtre un petit livre appelé le *Catéchisme,* où l'on présente l'Eglise de Jésus-Christ comme la société parfaite, la grâce de Jésus-Christ comme la condition essentielle de tout bien, le sacerdoce créé par Jésus-Christ comme l'ordre le plus élevé, le Vicaire de Jésus-Christ comme le Père et le Docteur des nations, la sainteté de Jésus-Christ comme le modèle achevé de toute vie humaine. Mais, en même temps, ces mêmes enfants ont entre les mains de gros livres, appelés *Manuels d'histoire,* où ils apprennent que l'Eglise est l'ennemie du progrès moderne et de la civilisation, ou du moins que la société civile a des droits sur cette société prétendue parfaite ; que le Pape a souvent empiété sur les droits des souverains et enseigné le mépris de l'autorité ; que le sacerdoce a tenté d'usurper l'empire ; que la sainteté est le partage d'un petit nombre d'illuminés dont le monde n'a point à s'occuper ; que la charité n'a jamais régné, qu'elle est en quelques cas contraire à la liberté et à la dignité humaine, etc., etc.

Et sous ce rapport combien, même dans nos écoles congréganistes, l'enseignement historique est peu en rapport avec les notions du catéchisme !...

« De ces deux enseignements, lequel va l'emporter ? — Evidemment celui qui séduit le plus les intelligences, celui qui semble le plus pratique, parce qu'il est une *doctrine « vécue »*, c'est-à-dire l'enseignement *historique !*

« *En théorie, le catéchisme a raison ; en*

pratique, *l'histoire semble témoigner contre l'Eglise.*

« Un bachelier moderne ne connaît de l'histoire de France que cette apparence toute superficielle où Joseph de Maistre voyait déjà la « conspiration du mensonge. » Dès lors, comment voulez-vous qu'il soit utile à son pays, cet homme qui en ignore les traditions et le génie propre? N'est-il point condamné d'avance à n'être jamais qu'un révolutionnaire plus ou moins inconscient ?

« Et dans le peuple, le mal n'est pas moindre. Le mauvais livre d'histoire a perverti l'intelligence populaire, il a ruiné la dignité du patriotisme chrétien en voilant l'action sociale de Celui qui a dit : *Misereor super turbam,* et en diminuant le rôle protecteur et bienfaisant de l'Eglise. Le *mauvais journal* continue plus tard l'œuvre du *mauvais livre d'histoire,* et c'est par là que le *rationalisme pratique* s'infiltre dans les masses, et comme les masses qui vont toujours aux extrêmes, ne sauraient se contenter d'un philosophisme stérile, les revendications et la haine montent peu à peu : ainsi, du rationalisme, on passe au *socialisme*.

« Et tout cela peut se résumer par cette proposition, formule-type de l'état d'esprit général du public français : « Le gouvernement de la France n'a pas à s'occuper des droits de Jésus-Christ. »

« Ce résultat déplorable eût été impossible si l'on n'avait d'abord, par le mauvais livre d'histoire, ruiné dans l'esprit du peuple difficilement accessible aux pures théories, le sentiment de la famille et de sa vie surnaturelle.

« Nous osons l'affirmer, une « Histoire de France » chrétienne, venant après le Catéchisme comme une confirmation pratique, aurait fait de ce cœur de prolétaire, qui ne respire aujourd'hui que la vengeance et la haine, un cœur de Vendéen ou de Breton, *catholique et Français tou-jours !* C'est que l'histoire des peuples chrétiens, membres et « cohéritiers du Christ », n'est autre chose qu'une conti-nuation humaine du divin Evangile. L'his-toire, envisagée au point de vue chrétien, est un véritable cours de *théologie sociale,* mise en action et en tableaux pour être à la portée de tous.

« Ces idées, nous n'en doutons pas, sont celles d'un grand nombre de chré-tiens. Et cependant nous croyons, — certes, nous voudrions bien ne pas avoir à nous en glorifier ! — nous croyons être la première association de jeunes gens qui tente de les mettre en pratique (1). »

Aussi « *ramener la* FRANCE *au sentiment de sa* MISSION, » voilà ce que nous voulons.

---

(1) Conférence Jeanne d'Arc de Lyon.

Certes, la tâche est rude pour nos faibles épaules ; mais nous espérons que bientôt surgiront en France « moult *Conférences Jeanne d'Arc* » qui, à l'exemple de leur sœur aînée de Lyon, serviront aussi la Religion et la Patrie et contribueront dans une large mesure à la solution du problème social.

De plus, — et c'est pour le moment le plus important, — nous voulons *créer un mouvement d'opinion à propos du Centenaire de 1896, afin de restaurer dans les intelligences* « *l'idée chrétienne de la société.* »

Pour cela, la *Conférence Jeanne d'Arc* de Lyon a organisé une *Ligue du Centenaire de la France chrétienne*, dite aussi *Ligue de Jeanne d'Arc*, destinée à recueillir en masse les adhésions individuelles ou collectives au Centenaire de 1896.

Une image explicative, que nous sommes heureux de reproduire ici, donne le programme et la raison d'être de la *Ligue* (1).

Il faut dès cette heure-ci, et sans défaillance, préparer cette rénovation du *Baptême national,* qui sera la résurrection de la Fille aînée du Sacré-Cœur. Et cette image y aidera.

Mais réfléchissons un peu à la signification de cette date : **1896.**

C'était la nuit de Noël 496. Le chef d'une tribu barbare recevait le *baptême* avec trois mille de ses guerriers, des mains d'un évêque. Evénement en apparence bien peu important pour les desti-

(1) Le cardinal Langénieux, à qui la *Conférence Jeanne d'Arc* de Lyon a soumis ses travaux et ses projets, les a bénis et encouragés et, approuvant la création d'une « Ligue du Centenaire », Son Eminence a daigné lui donner l'un de ses vicaires généraux pour correspondant au sujet de la célébration du Centenaire à Reims en 1896.

Ligue du Centenaire de 1896

CŒUR JÉSUS
SAUVEZ LA FRANCE

La France chrétienne est née à Reims, le 25 Décembre 496, jour du Baptême de Clovis.

En 1896, ce sera le 14ᵉ Centenaire de cette grande Grâce.

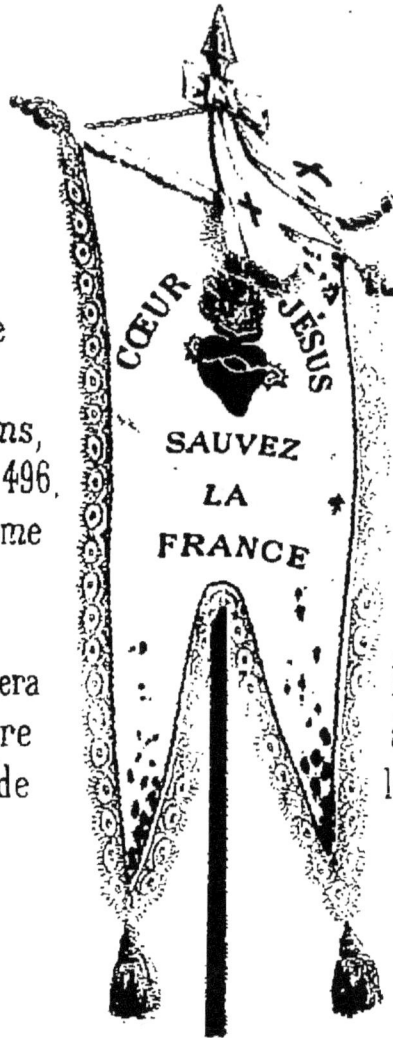

En 1896, toute la France devra renouveler les promesses de son Baptême.

Elle sera invitée par Son Éminence le Cardinal de Reims à aller le faire sur le Baptistère même de Clovis.

O mon Dieu, que ce soit le Salut de la France et sa Consécration à votre Sacré-Cœur !

LA LIGUE DU CENTENAIRE DE 1896

QU'ON APPELLE AUSSI

LIGUE DE JEANNE D'ARC

*A pour but de tirer, par tous les moyens le plus grand bien possible,
de ce grand anniversaire, en faveur de la FRANCE.*

PRÉPAREZ CE CENTENAIRE
en récitant chaque jour la Prière suivante:

Dieu éternel et tout puissant, qui avez choisi le peuple
des FRANCS pour être dans le monde l'instrument de votre
divine volonté, le glaive et le boulevard de votre sainte EGLISE,
nous vous en prions, éclairez partout et toujours les fils des
FRANCS, afin qu'ils voient ce qu'il faut faire pour établir votre
règne ici-bas, fortifiez leur courage et leur charité, afin que,
jusqu'à la fin des temps, ils accomplissent vos desseins.

(Prière trouvée dans un missel du VIIIe siècle).

TEXTE DU DÉCRET SALIQUE.

« Vive le Christ qui aime les Francs !
« Qu'il garde leur royaume et remplisse leurs chefs de la lumière de
« sa grâce; qu'il protège l'armée; qu'il leur accorde des signes qui
« attestent leur foi, les joies de la paix et la félicité; que le Seigneur
« Jésus-Christ dirige dans les voies de la piété les règnes de ceux qui
« gouvernent. »

(Loi salique)

PETITHENRY, 8, Rue François Ier. — PARIS.

nées de l'humanité et qui néanmoins fut
regardé comme le point de départ d'une
ère nouvelle. Pape et évêques envoient à
Clovis des lettres de félicitation et n'hé-
sitent point à lui faire connaître quelles
espérances l'Eglise place en lui. En un
mot, tous semblent avoir compris qu'en
la personne de Clovis et de ses guerriers,
c'est la FRANCE qui a reçu le baptême ;
c'est la *Fille aînée de l'Eglise* qui est venue
au monde, et le monde a tressailli « au
Noël des Francs, comme autrefois au Noël
du Christ » : *Hodie natus est vobis Salvator.*
Et plutôt que de laisser périr cette nation
très chrétienne, Dieu fera le plus éclatant
miracle dont le monde ait entendu parler
depuis la résurrection du Christ : il res-
suscitera tout un peuple à la voix d'une
jeune bergère !...

Et dire qu'il y a des gens qui ont écrit
que la France est née en 1789!... Ah ! ils se

sont étrangement trompés ! Ils ont commis un anachronisme de treize siècles. Ils ont cru que l'acte de baptême de notre patrie, bien qu'enregistré par l'histoire, n'avait pas de valeur légale ; ils ont alors fabriqué je ne sais quel acte de naissance *laïque* et, avec cette pièce apocryphe, ils ont prétendu donner le change à l'opinion publique. Il est vrai que la Révolution est née en 1789, mais la Révolution n'est point la France.

Encore une fois, les *actes de la France* remontent à treize siècles plus haut, c'est-à-dire au *baptême de* 496. Voilà la première vérité que nous voulons *affirmer* par la célébration du quatorzième Centenaire du baptême national.

Mais il est une autre erreur, — une erreur lâche celle-là, — peut-être plus odieuse que le mensonge sur nos origines : cette apostasie, c'est le cri des patriotes découragés.

Comment donc un peuple qui a eu Jeanne d'Arc pourrait-il se décourager ?

Et combien de fois n'a-t-on pas annoncé la mort du catholicisme et de la papauté ! L'auguste captif du Vatican n'est-il pas plus que jamais « la lumière dans le ciel ? » N'est-ce pas aussi ce pontife Léon XIII qui s'écriait naguère, dans un discours au Sacré-Collège : « La France entend rester fidèle à ses traditions..... Comment ne pas reconnaître qu'elle renferme dans son sein *un germe de vie iné-puisable ?*

Cette parole, tombée de la bouche qui ne se trompe pas, est précisément la seconde vérité que nous voulons *affirmer* par la célébration du Centenaire de 1896.

Autrefois, il n'était pas besoin de proclamer solennellement des vérités de ce genre, personne ne doutait de l'avenir, et le plus humble paysan connaissait comme d'instinct que la France est la Fille aînée de l'Eglise, immortelle comme son immortelle Mère.

Aujourd'hui que la conscience nationale a été faussée, il faut la redresser. Il faut rappeler que « le germe de vie inépuisable » n'est autre que la grâce baptismale. Le Baptême, sacrement qui imprime un caractère indélébile, ouvre en effet les portes de la Vie. Or, la France a reçu ce sacrement ; la trace de l'eau du Baptême ne peut donc s'effacer de son front, en sorte que, célébrer après quatorze siècles l'anniversaire de cette grande grâce, c'est proclamer à la face de l'univers que la France chrétienne est toujours vivante.

Enfin, le Centenaire de 1896 aura une troisième signification plus élevée encore et plus intéressante pour ceux qui connaissent la logique des événements humains.

Notre siècle s'est attaqué avec fureur à la religion ; **il a** ri des commandements de Dieu et de l'Eglise ; il a ruiné tout respect et toute autorité, par là même il a ruiné la liberté ; il s'est joué de la mission des peuples dans le monde ; il a nié les dogmes fondamentaux de la morale, de l'histoire, de la société même. Or, qu'est-il arrivé ?

Dieu s'est plus ou moins retiré de nous ; l'Eglise ne peut plus protéger la faiblesse contre la force brutale ; les peuples ne savent plus ni d'où ils viennent, ni où ils vont ; les crimes se multiplient et la « question sociale » nous écrase.

Vous nous demandez : « Qu'est-ce, en face de tout cela, que célébrer l'anniversaire d'un événement vieux de quatorze cents ans et que « tout le monde a oublié ? »

La réponse est simple.— Célébrer l'anniversaire de ce baptême dont nul ne se souvient, c'est, par là même, le rappeler à tous. C'est *prêcher par l'exemple* cette vérité qui est à elle seule la solution sociale : *Autrefois la France était heureuse* PARCE QU'ELLE ÉTAIT CHRÉTIENNE, le baptême lui ayant donné tout ce qui fait un peuple grand et fort ; *depuis que l'impiété a méprisé la grâce baptismale*, NOUS SOMMES MALHEUREUX. Redevenons donc CHRÉTIENS et tout le reste nous sera rendu par surcroît.

Il y a plus, célébrer ainsi l'anniversaire de son baptême, c'est se reconnaitre chrétien par le fait même, c'est dire à Dieu et aux hommes :

Nous avons péché en nous révoltant contre le Christ ; nous avons menti en datant notre histoire de la Révolution ; nous avons été lâches en doutant de l'avenir de notre patrie. Mais voici que nous nous repentons ; nous redemandons le joug suave et doux de l'Evan-

gile ; nous reconnaissons que nous avons par le monde une mission à remplir ; nous sommes sûrs de l'avenir parce que nous revenons à la foi. A ces causes, nous profitons de ce glorieux anniversaire pour renouveler les promesses de notre baptême national. Et nous venons dire au nom de la FRANCE :

JE RENONCE A SATAN, A SES POM-PES ET A SES ŒUVRES, ET JE M'AT-TACHE A JÉSUS-CHRIST POUR TOU-JOURS.

Si la France veut faire cela, elle est sauvée de la Révolution. Voilà pourquoi nous attachons une telle importance à ne point laisser passer ce quatorzième anniversaire sans une manifestation éclatante de notre nationalité chrétienne.

† †
† †

Une dernière question se pose mainte-
nant : Savoir jusqu'à quel point ce mouvement de rénovation sera accepté ou
compris. Sera-t-il vraiment *populaire ?*
Sera-t-il *national ?* — En d'autres termes,
la question du centenaire de 1896, si im-
portante en principe, sera-t-elle une
question pratique ?

Répondons d'abord que si l'on met
franchement la chose en avant, le Centenaire sera bien vite populaire, en dépit
de toutes les apparences contraires. Grâce
à Dieu, il suffit en France pour être écouté
de parler de la patrie ! Le peuple surtout
est patriote plus qu'on ne se l'imagine; il
raisonne peu, il est vrai, mais il croit ce
qu'on lui dit de bien sur sa patrie. Il sait
encore les grands noms de l'histoire :

Clovis, sainte Geneviève, Charlemagne, Bayard, Jeanne d'Arc, Louis XVI, Napoléon... et volontiers il en entend parler.

En dehors du peuple, la masse du public ne sera pas non plus indifférente. Mais ce n'est point assez de savoir que nos idées sont populaires de leur nature, il faut être sûr de pouvoir les faire pénétrer partout et d'avoir en 1896 un mouvement vraiment *national*. Eh bien ! de ce côté-là encore, nous avons les plus fermes espérances.

Son Em. le cardinal Langénieux, archevêque de Reims, a écrit à NN. SS. les Évêques pour leur demander de vouloir bien organiser, chacun dans son diocèse, des pèlerinages à Reims pendant l'année 1896. Les évêques du Ve siècle avaient fait la France d'autrefois : il appartient aux évêques du XIXe siècle de refaire la France de demain. Les évêques sont seuls les ambassadeurs de Dieu près des peu-

ples, l'Esprit-Saint les a établis pour gou-
verner. Aussi, l'éminent successeur de
saint Rémi convie la France à venir, conduite par ses Pasteurs, se régénérer
auprès de son baptistère. Lui qui sait
si bien conduire à Rome des vingt mille
ouvriers, il veut voir venir en 1896 toute
la France à Reims.

Permettez-nous de vous rappeler ce passage d'un mandement de Son Éminence :

« C'était le jour de Noël de l'an 496, à
Reims, que saint Rémi baptisait Clovis et
sacrait au nom de Dieu le peuple des
Francs *Défenseur-né du Saint-Siège et Fils
aîné de l'Eglise.* Or, voici que le cours des
années va ramener bientôt l'anniversaire
de cet événement mémorable ; et, sous
l'impression de ces pensées, en face des
maux de l'heure présente, dans la convic-
tion que la France, malgré ses fautes, est
digne encore de faire parmi les nations *les*

gestes de Dieu, nous avons conçu le dessein de célébrer très solennellement le quatorzième centenaire de sa consécration à Dieu, de son alliance avec l'Eglise et de la convier de venir en 1896, dans la personne de ses évêques, que suivra la multitude des fidèles, renouveler à Reims, sur le tombeau de saint Rémi, avec ses promesses baptismales, le pacte sacré qui a béni ses origines. »

Ce vénérable prélat, dont vous venez de lire les belles et puissantes paroles, a aussi l'espoir d'obtenir « du plus illustre latiniste de notre temps, qui est Léon XIII », quelques *hymnes* dont l'insigne basilique de Reims redirait les mélodieux échos.

Voilà le commencement d'un véritable mouvement de l'opinion. Nous savons de source sûre que déjà « tous les évêques de France se montrent très favorables au Centenaire et que leur concours est déjà

assuré. » Et le très regretté cardinal Mer-
millod, un Français de cœur, comme on
peut l'être quand on est le digne successeur de saint François de Sales, disait
qu'il est du plus haut intérêt « de fêter
le souvenir de l'alliance de Notre-Seigneur
avec la France » ; et il ajoutait cette
simple et grande parole : « J'ai une confiance indomptable dans les destinées de
la France pour le service de l'Eglise. »

N'y a-t-il pas là une preuve que, dans
les destinées de la France, la manifestation de 1896 doit être comme un réveil de
la France annonçant au monde l'aurore
d'un grand siècle chrétien.

Sans doute, il y a beaucoup à faire ; et
nous n'avons que deux ans devant nous
pour préparer les esprits. Mais, forts de
tels encouragements, nous répétons avec
confiance la parole immortelle de notre

Patronne ; la Pucelle a dit : « Nous ba-
taillerons, et Dieu fera la victoire. »

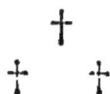

†
†   †

C'est sous le patronage de Jeanne d'Arc
qu'a été mis ce grand projet du Centenaire de 1896. Aujourd'hui, le procès de
Canonisation de la vierge de Domrémy est
en très bonne voie. Le samedi 27 janvier,
la Congrégation des Rites a tenu une séance
secrète extraordinaire pour l'introduction
de la cause de la Béatification de Jeanne
d'Arc.

Douze cardinaux étaient présents, parmi lesquels S. Em. le cardinal Langénieux,
représentant Reims et la France. La
séance a duré deux heures.

Le cardinal Parocchi, rapporteur de la
cause, en a fait un magnifique exposé,

puis les cardinaux ont donné un vote motivé qui a été affirmatif.

Le soir, Léon XIII confirmait le vote unanimement favorable des cardinaux.

Par le fait de l'Introduction de la cause de Béatification, Jeanne d'Arc est déclarée *Vénérable*. Ce 27 janvier 1894 est un beau jour pour la France.

Le culte de la Pucelle vient de renaître comme à la veille d'une résurrection de la France. Elle fut martyre pour racheter les crimes de la Patrie ; de là-haut elle continue sa mission. Elle fut envoyée pour rappeler à la Fille aînée de l'Eglise son *Vivat Christus* et les promesses de son baptême ; l'Eglise, nous en avons le ferme espoir, va la placer sur les autels au temps même où la chrétienté célébrera, par des fêtes et des hommages inaccoutumés, l'anniversaire quatorze fois séculaire du « Noël des Francs. »

Il y a là plus que des rapprochements

fortuits. Jeanne d'Arc peut encore nous sauver ; non plus en guerroyant et en mourant comme jadis, mais en nous protégeant, en nous couvrant aux yeux de Dieu de son immortel étendard. Seulement, comme nos pères du XVe siècle, il nous faut d'abord reconnaître sa mission.

L'écrivain qui a le mieux décrit cette mission, le R. P. Ayroles, a eu l'idée d'une « neuvaine pour demander à Dieu des faveurs extraordinaires en vue de la canonisation de la Pucelle » et il a fait imprimer une prière que nous nous empressons de reproduire et de recommander aux catholiques français.

Personne n'ignore qu'un miracle signalé et dûment constaté à notre époque ferait faire un grand pas à la cause de Canonisation de Jeanne d'Arc.

Prions, prions sans cesse : neuvaines de jeûne et de pénitence, surtout neuvaines de messes et de communions, rien

ne devra être négligé, particulièrement
du 30 avril au 8 mai, double anniversaire
de l'apparition de saint Michel et de la
délivrance d'Orléans, et du 22 au 30 mai,
anniversaire du martyre de la Pucelle,
FUTURES FÊTES NATIONALES DE LA FRANCE
redevenue chrétienne.

Oui, nous l'aurons la France chrétienne
si nous voulons marcher sur les traces de
Jeanne d'Arc.

Et nul doute qu'en cette année 1896,
— qui verra s'achever le temple du Vœu
national et, partant, monter vers le ciel,
avec la rénovation des vœux de notre
baptême, la consécration définitive et
nationale de la France au Sacré-Cœur, — la
main auguste de Léon XIII ne se lève pour
bénir et, à la demande de nos évêques,
accorder l'insigne faveur d'un Jubilé national, qui restera dans l'histoire sous le nom
de *Jubilé français*, *Jubilé du Baptême* (1).

(1) Nous apprenons avec joie que le Souverain

C'est la France *officielle* qui, au lendemain du malheur, décréta la construction de l'église du Sacré-Cœur à Montmartre ; il faut aussi que la France *officielle*, au lendemain de la prière, y chante le *Te Deum* d'actions de grâces.

Et Jeanne d'Arc, un jour, y aura son autel (1).

Il nous est doux de placer la célébration de ce Centenaire sous l'invocation du SACRÉ-CŒUR.

C'est sous l'étendard du Sacré-Cœur que

Pontife vient d'accorder au cardinal de Reims ce Jubilé pour la France. Il durera de *Pâques* 1896 à *Noël* de la même année.

(1) Nous ne pouvons terminer sans rappeler ici que Jeanne d'Arc est passée à Moulins en 1429, et a séjourné au couvent des Clarisses (aujourd'hui la chapelle Sainte-Claire).

C'est donc un devoir pour la « *Conférence Jeanne d'Arc* » de Moulins de consacrer à sa Vénérable Patronne, la Libératrice de la France, un pieux souvenir.

la jeunesse française a versé son sang à
Patay pour la défense de la Patrie ; et
dans ce même champ de bataille, trois
siècles et demi auparavant, Jeanne d'Arc,
tenant en main l'étendard de Jésus-Christ,
mettait l'ennemi en déroute. La France
d'alors, jusque-là découragée, reprenait
confiance, et ce n'était plus qu'un cri sur
le passage de Jeanne, cri dont l'unanimité
nous est attestée par les historiens du
temps : *Allons à Reims !*

On sentait alors qu'aller à Reims, où
étaient les Anglais, c'était reconquérir la
nationalité perdue.

Aujourd'hui, les Français sont à Reims,
mais, hélas ! ils ne sont plus en Lorraine,
la terre de la bonne Pucelle. La France
mutilée a perdu de son prestige en Eu-
rope, en même temps qu'elle perdait de
la foi et de la religion qui ont fait sa pros-
périté.

Mais aujourd'hui encore, la grâce nous

attend auprès du Baptistère, si nous voulons renouer le pacte d'alliance avec le CHRIST.

Aussi redisons-nous à tous les Français le *mot d'ordre de Jeanne d'Arc* :

EN AVANT ! DE PAR DIEU, TOUT EST NÔTRE !

POUR LE SACRÉ-CŒUR ET POUR LA FRANCE, ALLONS A REIMS !

La Conférence Jeanne d'Arc.

Moulins, en la fête de la Purification, 1894.

NEUVAINE

Pour demander à Dieu des faveurs extraordinaires
en vue de la Canonisation de Jeanne d'Arc.

Ô Jésus ! Roi des nations, pour relever la France humainement perdue, il Vous plût un jour d'employer le plus faible des instruments, une petite paysanne, Jeanne la Pucelle. Nous osons bien Vous prier de renouveler le souvenir de ce miracle, en glorifiant celle par laquelle Vous avez daigné l'accomplir.

« Veuillez, ô très doux Jésus ! manifester le crédit dont jouit auprès de Vous la céleste Pucelle, en nous accordant, malgré notre indignité, la faveur miraculeuse que nous sollicitons en son nom. (*Là, spécifier telle guérison, telle conversion......*)

« O Jeanne ! ô fille de Dieu ! comme vous appelaient les *voix*, vous si compatissante aux maux qui vous entouraient, par l'amour que vous portez à votre Seigneur, qui est aussi le nôtre, obtenez-nous l'insigne bienfait que nous demandons.

« Sainte Vierge, mère et modèle de la Pucelle, glorifiez l'enfant qui fit ses délices de vos autels et ne sépara jamais votre nom béni du nom adorable de votre Fils.

« Prince des célestes milices, saint Michel, montrez que c'est bien en toute vérité que la sainte jeune fille s'est constamment donnée comme suscitée et conduite par vous, sans que vous ayez jamais fait défaut à sa prière.

« Sainte Catherine, sainte Marguerite, maîtresses de la Pucelle, Eglise victorieuse de là-haut, et vous surtout, saints protecteurs de la France, par le commandement desquels Jeanne disait être venue, obtenez-nous le miracle que nous sollicitons,

— 46 —

pour que l'Eglise associe votre digne sœur aux honneurs qu'elle vous rend ici-bas.

« O mon Dieu ! ne considérez pas nos démérites, mais écoutez vos anciennes miséricordes et les souvenirs d'ineffable bonté que nous rappelons.

« Nous promettons d'user de vos bienfaits pour travailler, dans la mesure de notre pouvoir, au triomphe de la cause à laquelle votre fidèle envoyée se dévoue jusqu'au martyre, le règne social de votre Fils Jésus-Christ, vrai Dieu et vrai Homme, qui avec Vous, ô Père, et avec le Saint-Esprit, vit et règne dans les siècles des siècles.

« Ainsi soit-il. »

Ajouter les prières familières à Jeanne d'Arc :

PATER, AVE, CREDO.

CONFERENCE ✠ JEANNE-D'ARC ✠ DE MOULINS ✠ ALLIER ✠ 1894 ✠

Jhesus maria

1429
Jehanne
à
Moulins

1412-1431